Lb 3604.

DÉMOCRATIE EFFRAYANTE

POUR

L'AVENIR CONSTITUTIONNEL

DE LA FRANCE.

LYON, IMPR. DE LOUIS PERRIN.

DÉMOCRATIE EFFRAYANTE

POUR

L'AVENIR CONSTITUTIONNEL

DE LA

FRANCE,

SUIVI D'UN

PROBLÈME POLITIQUE

proposé au Gouvernement monarchique

SUR LA RÉFORME ÉLECTORALE;

Par un ex-Capitaine de la Garde nationale;

ENNEMI DES GOUVERNEMENTS PERTURBATEURS
ET FUGITIFS.

LYON,

CHEZ LES PRINCIPAUX LIBRAIRES.

—

1842.

DÉMOCRATIE EFFRAYANTE

POUR

L'AVENIR CONSTITUTIONNEL

DE LA FRANCE.

———

Plus le droit public du royaume est populaire, plus l'on veut modifier la monarchie représentative.

Plus l'institution électorale est démocratique, plus l'on réclame l'égalité politique.

Des hommes, ennemis de nos institutions, cherchent depuis dix ans le moyen de transformer le régime établi par la Charte, en voulant rendre la France universellement élective.

Depuis dix ans mille réclamations sont produites à chaque session législative pour demander l'admission de tout le monde au droit d'élection.

Est-ce dans la vue de créer la félicité du peuple et la prospérité de l'Etat qu'on demande à grands cris le suffrage universel?

La condition de propriétaire, qui est le gage de la sécurité royale et l'essence de tout bon gouvernement, ne saurait jamais disparaître de la qualité électorale. Le système électoral est l'une des bases fondamentales du gouvernement représentatif; il est le résultat de la représentation nationale.

La monarchie représentative existe en vertu de la constitution ou du pacte social; son autorité est celle du peuple : elle émane de sa libre volonté.

Quels sont les besoins constitutionnels développés par la marche de l'institution électorale, auxquels il faut pourvoir par l'effet d'une réforme?

Ces besoins se trouvent dans la loi des élections communales, et non dans celle des élections législatives.

Toute réforme doit être démontrée par l'expérience ; c'est à elle seule qu'il appartient d'indiquer les modifications véritablement utiles.

La loi qui régit les élections législatives est conforme à la saine politique, éminemment compatible avec l'esprit libéral du Gouvernement dont les principes offrent toutes les garanties.

Aujourd'hui tout le monde aspire à l'égalité extrême ou à la souveraineté.

Le monarque le plus équitable est déchiré par l'esprit anti-monarchique.

Toutes les résolutions constitutionnelles du roi sont censurées par les perturbateurs de l'ordre constitutionnel et de la nation.

Louis-Philippe a, depuis dix ans, donné à l'Europe le spectacle rare d'un législateur et d'un philosophe sur le trône.

La haute sagesse qui préside toujours à ses volontés constitutionnelles est pour la France un garant infaillible.

Il est monté sur le trône au milieu de l'anarchie et des calamités publiques ; il a d'autant plus illustré la monarchie française, que son règne répond exactement à la prospérité nationale.

Si Louis-Philippe n'avait été que le plus brave prince et le plus droit, son royaume était ruiné :

il fallait un roi qui sût faire la guerre et la paix, connaître toutes les blessures de son Etat et connaître les remèdes, veiller sur les grandes et les petites choses, tout réformer et tout faire. C'est ce qu'on a trouvé dans Louis-Philippe : un roi législateur, méritant d'être mis au rang des plus grands monarques, demeure insensible aux vaines clameurs des détracteurs du gouvernement royal. Aujourd'hui la nation est dans la splendeur et dans l'opulence ; elle jouit d'une paix honorable et solide. Quoi qu'il en soit, tous les actes de l'autorité souveraine sont ouvertement calomniés par les combinaisons de la malveillance.

Malgré les intentions bienfaisantes et bien connues du Gouvernement, il ne cesse d'être en proie aux horreurs de la licence.

Le ministère le plus national donne prise à la malveillance et à la censure.

Dans les orgies de la licence, rien n'est respecté ni respectable.

Rien ne serait plus propre à renverser les garanties constitutionnelles établies par la Charte que de réduire à zéro la condition d'électeur, et d'appeler en masse aux élections l'obscure populace.

L'édifice monarchique, à coup sûr, s'écroulerait dans les convulsions de la discorde et de l'anarchie.

Introduire la foule pusillanime dans les élections, c'est formenter toutes les passions et alimenter l'esprit de désordre et de révolte.

Pour sentir combien cette prétention est anti-nationale et répugne aux bienséances constitutionnelles, il suffit de réfléchir qu'il y aurait plus de quarante mille électeurs par département, et quatre millions d'électeurs voteraient pour choisir les députés de la nation, et qu'il y aurait au moins cent mille candidats sur les rangs à chaque renouvellement de la chambre.

Le gouvernement monarchique, qui a déjà trop de tendance à la démocratie, surnagerait à travers les nuages dont il serait enveloppé : tous les jours on serait à la veille d'un coup d'Etat.

La licence populaire serait le mobile exclusif des élections : toute distinction ferait ombrage.

Le même peuple exclurait les illustrations des emplois publics.

Le personnel législatif, qui doit être composé de toutes les illustrations, ne serait plus formé que de la pénible médiocrité.

Le plus grand nombre de députés serait non-seulement indigne du caractère auguste de législateur, mais encore serait sujet à salaire à cause de leur indigence.

Tous les membres du corps législatif doivent

offrir à la société toutes les garanties, tant par leur honneur et leur probité que par leurs talents et leur fortune.

Dans un poste aussi éminent, l'infortune est de nature à gêner la liberté et l'indépendance de l'opinion.

Un député indépendant, qui n'attend ni récompense ni avenir d'un ministère, comme M. de Lamartine, est un représentant infaillible.

Si jamais innovation fut plus désorganisatrice, plus conforme à la licence la plus effrénée, plus propre à protéger le désordre d'un bout de la France à l'autre, à coup sûr c'est celle-ci.

Tout membre individuel de la chambre, qui n'aurait pas abjuré tout principe constitutionnel, n'oserait souscrire à ce paradoxe et jeter dans la société une pareille cause de perturbation.

L'Etat est déjà démocratique au possible ; mais s'il en était autrement, l'artisan ne s'arrêterait plus à l'ambition d'être maire : tout le monde voudrait devenir député, tout le monde voudrait représenter tout le monde, tout le monde demanderait la voix de tout le monde, tout le monde voudrait concourir à la confection des lois ; non-seulement le menu peuple voterait, mais voudrait être nommé à la législature ; il n'y aurait plus que le chaos de l'anarchie, où la populace peut tout au préjudice du mérite et de la notabilité.

Les vertus, les talents qui brillent dans les premiers emplois de l'Etat, feraient place à l'ignorance et au vice.

Les gens de considération deviendraient sans ressource, la proie infaillible des gens de peu d'importance.

Combien ne serait-il pas facile de multiplier les exemples sur cet objet !

Quels troubles, quelles horreurs entraîneraient les élections si, à la loi déjà démocratique, on allait en substituer une qui fît tout le monde électeur et éligible !

PROBLÈME POLITIQUE

PROPOSÉ AU GOUVERNEMENT MONARCHIQUE

SUR LA RÉFORME ÉLECTORALE.

La prétention de l'égalité électorale peut - elle être appuyée de toute la protection du Gouvernement ?

Pourrait-on l'accueillir sans ébranler la monarchie constitutionnelle ?

Plus je médite la réclamation électorale, plus je la trouve anti-nationale et défavorable à la sécurité monarchique.

Demander le vote universel, c'est créer des exceptions à la Charte, c'est proposer en d'autres termes la création d'un gouvernement perturbateur qui, sans consistance et sans durée certaine, ne peut remplir le but de son institution.

Or, que l'on songe au bouleversement qui s'élèverait d'un bout de la France à l'autre, si l'on adoptait un pareil système.

Le corps politique, qui n'a été établi que dans l'intérêt public, ne serait plus que le centre de l'horreur et du trouble le plus funeste : il n'y aurait plus d'ordre ni de gouvernement.

La considération qui inspire les hommes qui attendent des événements pour sortir du néant, doit tourner en pitié la haine de leurs vices ; mais je plains de meilleurs esprits qui s'incorporent à un système d'autant plus anarchique qu'il blesse la pudeur politique et attaque de front tous les principes.

Je quitte cette réflexion pour passer à la question relative à la garde nationale :

Tout garde national peut-il être électeur ?

Ne serait-ce pas transformer la garde nationale en corps d'État que d'appeler cette milice en masse aux délibérations politiques des élections ?

L'esprit réformiste insinue que tout garde national doit être électeur, et peut être délégué électif.

Le bon sens le plus vulgaire répondra à cette question.

Et qui ne frémirait à la seule idée que tout garde national eût le titre d'électeur et fût éligible ?

Il est incontestable que tout le monde ne saurait concourir à la délégation des pouvoirs politiques.

Le pouvoir représente bien la puissance du peuple ; mais cette puissance ne peut être déléguée que par la saine partie des habitants, et non par l'universalité des citoyens, comme le proposent les partisans du régime anti-royal.

La garde nationale, qui est instituée pour la défense de l'ordre et de la nation, ne saurait jamais délibérer sur les affaires de l'Etat.

Elle est essentiellement obéissante, mais jamais délibérante ; autrement cette garde civique cesserait de répondre au but important de son institution.

L'article 1er de la loi du 22 mars 1831, sur la garde nationale, s'exprime ainsi : « La garde na« tionale est instituée pour défendre la royauté « constitutionnelle, la Charte et les droits qu'elle « a consacrés, pour maintenir l'obéissance aux

« lois , conserver ou rétablir l'ordre et la paix pu-
« blique , seconder l'armée de ligne dans la dé-
« fense des frontières et des côtes, assurer l'indé-
« pendance de la France et l'intégrité de son
« territoire. Toute délibération prise par la garde
« nationale sur les affaires de l'Etat, du départe-
« ment et de la commune, est une atteinte à la li-
« berté publique et un délit contre la chose pu-
« blique et la constitution. »

Pour avoir plus de mérite, la réclamation réformiste aurait dû ne comprendre que les officiers
de la garde nationale pour être électeurs, et un
nombre pareil à celui des officiers choisis dans la
compagnie et nommés par elle.

La garde nationale est digne du plus grand
respect; mais tous les éléments qui la composent
ne sauraient être électeurs en même temps.

La souveraineté nationale réside-t-elle essentiellement dans l'universalité des hommes qui composent l'État ?

Peut-on admettre indifféremment tout le monde au droit de souveraineté ?

Quels sont les hommes que le vœu national et la loi de l'État appellent au pouvoir législatif?

La souveraineté réside essentiellement dans la généralité des hommes, mais l'universalité des citoyens français n'est pas le souverain.

La souveraineté nationale est exercée par le roi et les représentants de la nation.

Le principe de la souveraineté réside bien dans la volonté générale, mais cette volonté ne peut être exprimée que par les électeurs.

Le corps électoral dans lequel réside l'expression de la souveraineté, loin d'être formé de tous les hommes qui composent l'Etat, n'est formé que de la saine partie du peuple.

Comme les électeurs ne peuvent exercer eux-mêmes les droits qui découlent de la souveraineté, ils délèguent leur puissance à des législateurs choisis par eux.

Mais cette délégation ne doit tomber que sur des hommes dignes de la confiance nationale, réunissant toutes les qualités qui constituent le législateur et l'homme d'Etat.

C'est un principe élémentaire que les grands propriétaires soient investis de l'autorité souveraine, à raison qu'ils sont les premiers intéressés à la tranquillité et au bien public.

La chambre législative doit avoir sa pureté, son indépendance pour remplir dignement et efficacement la haute destination qui la consacre au service du trône et au salut de la nation.

Les illustrations qui honorent la puissance législative constituent la splendeur du trône et la décoration de la monarchie.

Plus la représentation politique est pure dans toute sa masse, plus il importe d'en séparer l'alliage qui la souille.

Combien voyons-nous d'hommes qui, dans la vue d'améliorer leur condition et d'arriver à une meilleure fortune, font tous leurs efforts pour se faire nommer à la chambre !

Aujourd'hui, si l'on mettait tout le monde en possession du droit électoral, il serait bien plus facile; car ce serait offrir à tout venant le moyen d'être appelé à la chambre et d'exclure les hommes qui décorent l'administration souveraine, ce qui

répugnerait à toutes les convenances et au véri-
table esprit de l'ordre constitutionnel.

J'en reviens à l'institution électorale attaquée
avec violence :

**La loi d'élection politique est-elle susceptible d'être
réformée ?**

**Pourrait-on, sans mouvement, donner la moindre
extension au droit électoral ?**

Plus la France est démocratique, plus l'on veut
modifier l'organisation de la chambre élective.

La politique ne peut rien souffrir qui blesse ses
principes, elle étend sa rigueur calculée sur tout
ce qui est étranger à ses maximes.

Le gouvernement constitutionnel est celui de la
loi, et le régime de la loi exclut tout appel au désordre et aux assemblées tumultueuses. Le régime
électif est une institution des plus démocratiques
qu'on ait pu donner à une nation monarchique.

Il a éprouvé une grande modification par la loi
du 19 avril 1831, qui est en harmonie avec l'opinion publique et le gouvernement établi par la
Charte constitutionnelle.

Le régime électoral qui, sous la restauration, transmettait à l'aristocratie le moyen de dominer les élections, établissait deux colléges, l'un d'arrondissement où trois cents fr. d'impositions donnaient le droit de voter, l'autre de département dans lequel ne votaient que les imposés à mille francs : ceux-ci votaient dans l'un et l'autre collége.

Le cens électoral a été réduit non-seulement d'un tiers par la nouvelle loi, mais encore les électeurs qui étaient privilégiés ne retrouvent plus aujourd'hui la prérogative qu'ils tenaient du système précédent.

Pour tout dire en deux mots, le régime électoral a été profondément modifié, et il ne faut pas que les modifications se multiplient au point de le détruire.

En modifiant la législation électorale, le législateur a déjà, selon moi, blessé la dignité de la représentation nationale en restreignant le cens d'éligibilité à cinq cents francs. Je crois que, pour être éligible, il faut posséder un revenu considérable en propriété foncière, afin que le représentant puisse être indépendant et au-dessus de l'indigence ou du besoin.

Faut-il être grand propriétaire pour payer une contribution de 500 fr.?

Un pareil relâchement ne donne-t-il pas des députés sans fortune, et peut-être d'une médiocrité servile?

L'indépendance est la garantie de la nation. L'indigence met une âme dans la dépendance, et celui qui est dans le besoin ne peut voter avec l'indépendance nécessaire à la dignité de son mandat.

Comment les partisans de la réforme électorale peuvent-ils qualifier aristocratique une loi éminemment populaire?

Une institution aussi bien d'accord avec l'ordre des choses, semble résister à tous les efforts que l'on fait pour la mutiler.

Tous les amis de la paix publique et de la prospérité de l'État s'intéressent à la monarchie constitutionnelle, qui triomphera facilement des entreprises odieuses de ses ennemis.

J'arrive à la loi des élections communales:

La loi des élections municipales n'est-elle pas dans la nécessité urgente d'être réformée?

Les inconvénients sans nombre de cette loi tumultueuse ne commandent-ils pas impérieusement sa réformation?

La loi sur l'organisation municipale est une institution des plus populaires que jamais on ait vues.

Si les institutions doivent être jugées par leurs effets, jamais institution n'a été plus féconde en désordres et en mauvais résultats que celle qui régit actuellement les élections communales.

Ces élections, dominées par la pure démocratie, sont presque toujours de colère et d'effervescence.

L'animosité qui règne entre les partis dans les communes, est une source inépuisable d'intrigues et de convulsions générales.

Un grand nombre de communes sont dans un état complet de désorganisation ; l'administration municipale est sans cesse organisée et désorganisée ; le vulgaire régit d'autant plus exclusivement la notabilité, que l'administration municipale appartient à l'influence populaire.

Comme les élections communales sont dirigées par le vulgaire ignorant, l'administrateur effectif et zélé est à la discrétion des intrigues et de la malveillance.

Le maire est insulté et outragé en face, sans qu'il puisse faire respecter son autorité avilie ; tandis qu'il a besoin d'une haute considération, soit pour commander à ses administrés, soit dans l'intérêt de l'ordre social.

Dans la majeure partie des communes, de misérables cabaretiers sont nommés membres du conseil municipal, dans le but d'attirer plus de buvéurs dans leurs respectables établissements où s'organise ouvertement le vice, et de violer plus impunément les règlements de police. Il y a même dés cabaretiers qui sont maires !!!

Ce mal indique le remède constitutionnel : ce serait de diminuer la masse immense des votants, et d'en appeler à la saine partie des électeurs.

Pour remédier efficacement à l'anarchie que consacre le régime municipal, si l'on ne veut pas modifier le régime de la multitude, il faut nécessairement que l'autorité supérieure prenne le maire soit au dedans soit au dehors du conseil municipal. En attendant la solution du problème, les communes sont exposées à d'incessantes perturbations qui ont l'avantage sur le but salutaire de la loi.

Le renouvellement périodique des conseils, sera toujours une source de dissensions, et un sujet constant d'agitation et de discordes entre les habitants.

La loi n'a pas pourvu à un inconvénient radical : celui de choisir le maire hors ou dans le conseil municipal.

L'institution des élections communales a manqué son but, tant dans l'avantage de la société que dans celui du régime monarchique.

La Charte, qui a érigé le principe de la souveraineté populaire, ne permet pas une si basse démocratie.

que son but était dans l'apanage de la société que
dans celui du régime monarchique.

La Charte, qui a érigé le principe de la souveraineté populaire, ne permet pas une si basse
démocratie...